L'EMPIRE

C'EST LA

SOUVERAINETÉ DU PEUPLE

PAR

MAXIMILIEN TALÈS

AVEC UNE PRÉFACE

PAR M. DE CORMENIN,

Conseiller d'État.

Prix : 75 centimes.

PARIS.

GARNIER FRÈRES, LIBRAIRES-ÉDITEURS

215 bis, Palais-Royal

ET RUE DES SAINTS-PÈRES, 6.

1852

L'EMPIRE

C'EST LA SOUVERAINETÉ DU PEUPLE.

Paris. — Impr. de Mme Ve Dondey-Dupré, r. St-Louis, 46.

L'EMPIRE

C'EST LA

SOUVERAINETÉ DU PEUPLE

PAR

MAXIMILLIEN TALÈS

AVEC UNE PRÉFACE

PAR M. DE CORMENIN,

Conseiller d'État.

PARIS.

GARNIER FRÈRES, LIBRAIRES-ÉDITEURS,

215 bis, Palais-Royal

ET RUE DES SAINTS-PÈRES, 6.

—

1852

MONSIEUR,

Vous me demandez si vous avez fidèlement rendu mon opinion ? Oui.

Après les révolutions, il y a deux sortes de légitimités : la légitimité nécessaire, transitoire et de fait, qui est celle des Gouvernements provisoires, et la légimité éternelle, imprescriptible et de droit, qui est celle du peuple.

Il n'y a qu'une souveraineté politique, qui est celle de l'universalité de la nation.

Il n'y a qu'une vérité politique, qui est celle de la majorité.

Au-dessus de la souveraineté du peuple, il n'y a rien en droit.

Au-dessus de la volonté de la majorité, il n'y a rien en fait.

Voilà les principes.

Voici les conséquences.

En l'état provisoire, quatre millions neuf cent quatre-vingt-dix-neuf mille citoyens, sur dix millions, peuvent-ils proclamer la forme définitive d'un gouvernement ? Non.

La Constitution est-elle valable dans l'hypothèse de l'initiative populaire, lorsque le peuple ne l'a pas faite lui-même ? Non.

La Constitution est-elle complète dans l'hypothèse de la ratification, lors même que cette Constitution aurait été faite par les délégués du peuple universel, s'il n'a pas confirmé leur mandat ? Non.

Ai-je posé ces principes ? Ai-je tiré ces conséquences ? Oui.

J'ai posé ces principes lorsque, propositeur et rédacteur du décret organique du 5 mars 1848, j'ai inscrit dans ce décret la reconnaissance du principe de la souveraineté du peuple et la formule expressive du suffrage direct et universel.

Et lorsque, président de la commission de Constitution, je les ai reportés, en toutes lettres, dans le préambulaire de la Charte nouvelle.

J'ai tiré ces conséquences, lorsque je réservais *in petto*, dans le décret organique, la ratification ultérieure du peuple ;

Lorsque, dans la commission de Constitution, je proposais formellement de soumettre le Projet de l'Assemblée à la confirmation du peuple ;

Lorsque, avant et après son adoption, je protestais publiquement contre le refus de la ratification nationale.

Si l'on prend la question de haut, pourquoi chercher ailleurs la cause finale de la révolution du 2 décembre ?

Il vient toujours un temps où Dieu, qui est l'auteur du droit, ne laisse pas violer le droit.

CORMENIN.

A M. DE CORMENIN

On va soumettre à la ratification du peuple une nouvelle forme de Gouvernement.

Le Sénat, organe provisoire du pays, devient pouvoir constituant, déclare que la forme républicaine a fait son temps, provoque le vœu du peuple, redevenu souverain, sur la forme impériale, et lui demande une délégation héréditaire de son mandat, en faveur de Louis-Napoléon.

En fait et en droit, cette organisation nouvelle de l'État, cette révision partielle du pacte, est-elle rigoureusement déduite du principe de la souveraineté populaire? Oui. La souveraineté, c'est le droit qu'a la nation de dire si et comment elle veut qu'il y ait dans l'Etat une constitution, un gouvernement : La République n'est qu'une forme de gouvernement, mais elle n'est pas la seule, et la Souveraineté du Peuple est libre de choisir.

Permettez-moi de remonter, de fait en fait, le cours des événements, et de rechercher à travers les manifestations éclatantes de la souveraineté depuis 1848, comment la sanction du peuple, la Ratification de l'Empire ne sera que la conséquence naturelle de la Révolution de février.

C'est au logicien, à l'homme du principe et du droit, que j'ai l'honneur de parler.

Je ne rappellerai pas qu'en 1815, — il y a 37 ans, — vous demandiez l'acceptation d'une constitution par le peuple.

Je ne dirai pas qu'en 1828, vous renouveliez à la tribune ce dernier vœu qui jeta la Chambre dans un violent orage.

Mais je dirai que le 7 août 1830, lorsque 219 personnes recousaient à la hâte les lambeaux déchirés de la Charte, votre silence et votre abstention du scrutin, — et vous fûtes le seul, — fut la plus énergique protestation au nom du peuple dont il s'agissait et qu'on ne consultait pas !

Mais je rappellerai qu'en 1848, vous avez donné votre démission de membre du Comité de Constitution, parce que l'œuvre qui allait sortir de vos mains n'avait pas de ratification.

Vous avez, depuis vingt-cinq ans, dégagé de ses nuages le principe de la souveraineté populaire ; vous avez tant et si bien enlevé le prestige à la royauté, tonné contre l'absolutisme, déconsidéré l'arbitraire, attaché le ridicule à toutes les fictions monarchiques, qu'il n'y a plus aujourd'hui debout que le Peuple et Dieu dans leurs majestés souveraines.

Du nord au midi et du couchant à la mer Noire, les peuples à genoux, enchaînés ou muets, se tournent vers nous, cherchent la lumière, implorent pour leurs yeux fatigués de ténèbres, un rayon de cette souveraineté qui les relève, qui leur rende la chaleur et la vie, qui les fasse hommes.

On a voulu obscurcir la Souveraineté du Peuple par deux autres souverainetés, — rien que deux, à prendre ou à laisser, — deux hérésies : La souveraineté du but et là souveraineté du fait.

C'est l'histoire de Lucifer, ce porte-lumière, qui voulait détrôner Dieu !

Mais je ne suis, pas plus que vous, pour la souveraineté du but, c'est bon pour les royalistes ; je ne suis, pas plus que vous, pour la souveraineté du fait, c'est bon pour les proconsuls et les communistes. Je suis pour la Souveraineté du Peuple, et je répète avec vous : Le Peuple est tout.

Il s'agit donc d'une thèse, — courte mais vive, — sur cette souveraineté. Il s'agit de démontrer, en thèse générale, que ceux qui ne sont pas avec nous, manquent au principe, qu'ils manquent à la logique, qu'ils manquent au droit.

Point de mensonges, point d'arguties ; aujourd'hui les arguties des républicains – formalistes , demain les mensonges des royalistes ; dès lors plus rien pour la souveraineté véritable, pour le droit antérieur, primordial, inhérent au citoyen, rien pour le **Peuple**, pour l'avenir de la nation, pour la liberté de la patrie.

Le principal mensonge, l'argutie la plus pointue est celle de ceux qui prétendent, qui veulent absolument confondre *la République avec la Souveraineté du Peuple*. La République n'est qu'un nom, une enveloppe, une enseigne. La souveraineté est un procipe immuable, au-dessus de tous les gouvernements et de toutes les constitutions.

La formule de l'Organisation de l'État a été posée en ces termes par la Révolution :

« La Souveraineté du Peuple, c'est le principe;

» Le pouvoir constituant, le Suffrage universel, c'est le moyen;

» Le Gouvernement du pays par le pays, c'est le but. »

Examinons ces termes dans leur application.

Qu'est-ce que la Souveraineté?

« La Souveraineté, comme vous

l'avez nettement définie, est l'expression de la volonté de tous;

» La Loi est l'expression de la volonté de tous les citoyens. »

D'où je conclus, avec vous, que toute loi, pour être l'essence de la souveraineté, doit être l'expression de la volonté de tous. La Loi, la loi primordiale, c'est la Constitution.

« Mais qui tirera de son abstraction le principe de la souveraineté du peuple? Qui lui donnera un corps, de la vie, un organe, une âme? Qui le fera agir et parler? Qui bâtira cette Constitution, ce grand et magnifique édifice social dans lequel le peuple doit habiter?

C'est le pouvoir constituant. Mais qu'est-ce que ce pouvoir constituant?

Le pouvoir constituant n'est pas la souveraineté, ce n'est que l'exercice de la souveraineté *par délégation*.

La délégation de la souveraineté implique la réserve du droit. Vous déléguez votre souveraineté à un mandataire, mais vous ne l'aliénez pas; elle est *inaliénable et imprescriptible*.

Voilà la théorie du droit, du droit absolu, du droit tel que vous l'avez conçu, tel que vous l'avez préconçu pendant vingt-cinq ans pour sa défense, sa consécration et sa diffusion dans les veines de la nation, plus éclairée à mesure, plus altérée et plus avide de se connaître. Voilà la théorie du droit, telle que vous l'avez élaborée avant la Révolution. Ce droit devait tôt ou tard s'incarner entre vos doigts dans les articles d'une Constitution, et vous aviez dans son œuf, par intuition, enroulé d'avance les conséquences autour du principe, et c'était digne d'un homme d'état, — que vous êtes.

Pour que la souveraineté du peuple s'exerce, il faut qu'une assemblée nationale, expression du suffrage universel et direct, — ou bien un pouvoir issu de circonstances, provisoire, temporaire, — traduise la souveraineté en Loi, la formule en Constitution.

La Constitution est l'acte qui règle les biens, les droits et les intérêts de tous, qui déclare, règle et garantit les libertés de tous et de chacun ; qui détermine la nature, la forme, l'étendue et la durée des pouvoirs qui gouvernent, jugent et exécutent; en un mot, c'est la loi suprême qui institue le gouvernement du pays par le pays, République, Consulat, Empire, formes diverses de Gouvernement.

Vous avez été constituant vous-même, Monsieur, lorsque, cinq jours après Février, vous avez été chargé d'organiser le suffrage universel, la loi-matrice. L'assemblée de 1848 a été constituante, quand elle a élaboré la Constitution. Louis-Napoléon a été constituant, lorsqu'après le 2 décembre 1851, il a posé les bases du nouveau pacte constitutionnel.

Mais le lendemain de Février, vous n'aviez qu'un mandat de nécessité; la Constituante n'avait qu'un mandat temporaire, sauf ratification ; Louis-Napoléon seul, par son mandat et par la nécessité, eut une délégation complète. Y eut-il jamais une ratification plus explicite, plus éclatante, plus universelle et plus directe que celle du 20 décembre 1851? Non.

Quand la révolution de Février éclata, tout était prévu, tout était écrit. Vous aviez eu la vision de l'avenir.

Vous aviez dit :

« Le cas venant d'une déchéance, les assemblées primaires élevaient directement les députés au congrès national.

» Mais qui ferait le règlement pour ces assemblées, et qui les convoquerait? — Un gouvernement provisoire.

» Qui aurait nommé ce gouvernement, et qui lui aurait conféré ce droit? — Ce droit, il l'aurait pris lui-même, ainsi que cela a toujours lieu par le fait, par la force de la nécessité, *et sauf ratification du peuple.*

» Voici donc la marche naturelle des choses :

» Après la révolution, un gouvernement provisoire s'installe au timon du vaisseau dont le pilote est noyé ;

» Il convoque les assemblées primaires ;

» Les assemblées primaires se composent de tous les citoyens majeurs et domiciliés ;

» Elles nomment directement les représentants du peuple ;

» Ceux-ci se réunissent en congrès et dressent la charte ;

» La charte est soumise, par oui où par **non**, à *la ratification du peuple en assemblées primaires.* »

Ainsi, que un ou plusieurs aient mandat de constituer le pacte, la ratification est au bout du mandat. Cette souveraineté imprescriptible et inaliénable, dont nul ne peut s'arroger l'exercice, contient en soi sa propre sauvegarde contre ses premiers despotes, contre les tyrans qui peuvent naître d'elle-même, contre les mandataires auxquels elle a été déléguée momentanément : c'est la *réserve du droit.*

Cette réserve du droit, inhérente au principe, ce contrôle du mandant, c'est la ratification en assemblées primaires, par le suffrage universel et direct, de l'œuvre des constituants.

———

Que fit le gouvernement improvisé le 24 Février? Il déclara qu'un gouvernement républicain, sans autre désignation de forme, serait le gouvernement du pays. Puis, *après quelque résistance*, il octroya la république dans les termes suivants, sous la réserve expresse de la ratification populaire :

« Le gouvernement provisoire veut la république, sauf la ratification du

peuple français, qui va être immédiatement consulté.

» Ni le peuple de Paris, ni le gouvernement provisoire, ne prétendent
substituer leur opinion à l'opinion des
citoyens sur la forme définitive de
gouvernement. »

Cette ratification promise, cet appel
au peuple français, c'est-à-dire à la
nation tout entière, de confirmer par
oui ou par non, *la république du gou-*
vernement provisoire et du peuple de
Paris, cette consécration de l'œuvre
des 24 et 25 février par l'universalité
des citoyens, qui l'a demandée le pre-
mier? — Vous, Monsieur, vous-même,
et d'avance.

Pour enlever à la République fé-
bruaire son caractère de surprise, qui

à organisé le suffrage universel sur ses larges bases ? — Vous.

Vous avez dit, dès l'origine :

« Si cela était possible, il faudrait que la Constitution fût proposée devant toute la nation, rédigée, discutée et votée par elle. Mais **35** millions de personnes ne le peuvent faire. Elles choisissent donc, pour le faire en leur nom, des hommes de confiance, des mandataires, dont elles ratifient l'œuvre, s'il y a lieu. »

Y avait-il lieu ? Oui, puisqu'on l'avait promis, puisqu'on n'était pas d'accord sur les bases du Gouvernement, puisque le Provisoire n'avait lâché la République qu'après quelque résistance, puisqu'il avait eu la main forcée, puisque le peuple n'avait pas été appelé à s'expliquer sur les bases du mandat qu'il allait octroyer, et que le moyen, le seul moyen, de se mettre d'accord, c'était de remonter à la source de la souveraineté.

Y avait-il lieu ? Oui, certes ; la souveraineté du peuple est un dogme, et il n'y a que cette souveraineté et celle de Dieu qui soient absolues. Il faut qu'un principe soit vrai ou soit faux, qu'il soit applicable dans tous les temps et tous les lieux. Les constituants de 48 n'avaient qu'à s'abaisser dans la poussière et demander au peuple que sa grâce les illuminât, que sa grande voix leur répondît. Il leur fallait soumettre cette œuvre, — République et Constitution, — à sa bénédiction ou à sa malédiction, et les comices de la France eussent été leur Sinaï.

————

C'est sous l'empire d'une fiévreuse attente que s'ouvrit l'Assemblée constituante du 4 mai.

Comment la forme républicaine, que voulait seulement le Gouvernement provisoire, allait-elle passer du fait dans le droit, et devenir *la forme définitive* du gouvernement?

Ne fut-ce point une subtilité, c'est-à-dire une rouerie, d'avoir affiché d'avance que « le canon annoncerait la proclamation de *la République* par l'Assemblée constituante ? »

Qui donc avait soufflé dans l'oreille du canon qu'il eût à se préparer à cette annonce, pour le cas *prévu* où l'Assemblée nouvelle proclamerait une forme plutôt qu'une autre de gouvernement ?

J'affirme, — avec vous, — qu'en proclamant la République, le 4 mai 1848, la Constituante était dans le fait et dans le droit ; elle était venue pour exprimer sa volonté.

Mais quand un membre s'est écrié : « La proclamation de la République ne peut être mise en discussion ! » que n'a-t-on répondu : « La proclamation de la République peut être et doit être mise en discussion, et notre vote doit être soumis au peuple ! »

Qui réserve le droit ? qui proteste ?

———

Je me méfie des subtilités et des arguties : les tyrans populaires substituent toujours le fait au droit, et n'ont jamais le temps de consulter le peuple. Et lorsque l'on dit que la France elle-même est toujours trop pressée de laisser faire ces choses-là ; que nous nous portons toujours de nos personnes et de nos acclamations, non pas en arrière, mais en avant, bien en avant du présent que nous avons déjà dévoré lorsque nous le tenons, je réponds que si nous n'étions jamais si pressés, nous ne roulerions pas d'abîme en abîme, et les événements n'auraient pas broyé dans leur marche les Constitutions de **89**, de **91**, de **93**, les Cinq-Cents, la Restauration, la Monarchie de Juillet, et demain la République elle-même ; — je ne parle pas de l'Empire, emporté par la force de l'Invasion.

Le peuple, en déléguant l'exercice de sa souveraineté à la Constituante de 48, n'avait pas abdiqué son droit, son contrôle. En se rendant dans ses comices, au mois d'avril, ses élections n'impliquaient en rien *l'assentiment tacite de la République.*

Parce que le peuple a été consulté *au nom de la République*, a-t-il accepté la République ? Non. Celui qui dit oui n'est qu'un sophiste.

Parce que le peuple s'est rendu dans ses comices *au nom de la République provisoire,* la ratification de l'élection fut-elle un assentiment tacite à la République, comme forme définitive ? Le mandat du peuple était-il impératif ? Non, non. Celui qui dit oui n'est qu'un sophiste.

L'exercice de son droit signifie-t-il consentement, et son abstention signifie-t-elle *veto* ? Non, absolument non.

En un mot, le peuple, en nommant la Constituante, a-t-il aliéné, même à temps, sa souveraineté ? Non. Celui qui dit oui n'est qu'un usurpateur.

Ont-ils, nos constituants, en dressant leur Constitution, réservé le droit des mandants?

« La Charte doit être soumise, leur disiez-vous, à la ratification du peuple en assemblées primaires. »

Ils ne l'ont point fait. Comment! était-ce à eux, mandataires, à usurper le droit du mandant? On ne leur avait pas délégué le droit, mais l'exercice du droit. En quoi leur délégation devenait-elle supérieure au droit lui-même?

Étaient-ils donc prédestinés? Les oracles du *National* étaient-ils des oracles sans appel? Nous retombons dans le droit divin, et nous ne voulons pas plus d'usurpateurs républicains que d'usurpateurs monarchiques.

Puisque leur investiture n'était pas divine, pourquoi ont-ils inauguré la République par l'usurpation ?

La Monarchie a commencé de même. Les hommes forts du temps, les hauts-barons, les conducteurs d'hommes se sont partagé la puissance, et la nation comme vous l'avez dit), la nation, ignorante et effrayée, s'est laissé mettre le bât sur le dos, comme les animaux vigoureux qui cèdent à la main d'un enfant.

L'admirable principe de la souveraineté du peuple porte en soi son remède, et ce remède prouve la grandeur du principe, puisqu'il empêche qu'on n'en fausse les conséquences : ce remède, c'est la ratification du peuple.

La ratification du peuple, ils le sa-

vaient, légitime seule l'œuvre des
mandataires ; et ils n'ont voulu ni de
la ratification, bien et dûment incrus-
tée dans leur Charte et fixée au bout,
ni de l'appel au peuple, suspendu par
un fil à des cas extrêmes : ils n'ont
même pas voulu de la Révision.

Il y avait, disent les sophistes, il y
avait sanction tacite, il y avait nécessité.

Qu'est-ce à dire ? On invoque la nécessité ? La nécessité, c'est la force ;
la nécessité, c'est la ruse ; la nécessité
n'est pas le droit.

Il y avait nécessité au 24 février, je
le comprends, en réservant le droit.

Mais on a fait la nécessité en établissant la Commission exécutive, sans réserver le droit, et c'est la ruse. Mais on a fait la nécessité en créant le Pouvoir exécutif, sans réserver le droit, au 24 juin, et c'est la force. On a promulgué la Constitution trois mois après, sans réserver le droit : c'est la ruse et la force à la fois. La nécessité, en République, c'est comme la raison d'État en Monarchie : c'est l'atteinte à la souveraineté.

De ce que le peuple n'avait point murmuré, et le pouvait-il? de ce que le peuple n'a point protesté, et le pouvait-il? il ne s'ensuit pas qu'il y ait eu assentiment tacite. Le silence du peuple ne dit pas consentement.

Qui nous dit que le peuple ne se

serait pas prononcé, en ratifiant la Constitution, sur la nature et la forme du gouvernement qu'on lui avait imposé? Il aurait pu nous dire que la forme républicaine était hérissée de non-sens, qu'elle froissait ses mœurs, et qu'elle ouvrait trop facilement la porte aux envahissements du pouvoir législatif.

L'établissement de la République a donc été une usurpation. La surprise n'est pas d'avoir fait la révolution et renversé la monarchie en un quart d'heure, mais d'avoir établi la forme républicaine, en cédant, sans appel, sans ratification formelle, aux injonctions de quelques hommes armés; en l'acclamant en mai, en la promulguant en septembre, on a résolu la question par la question elle-même ; on a, en un mot, voulu légitimer les circonstances, proclamé le fait, aboli le droit.

Il y avait des gens qui rêvaient une éternité de quinze ans pour leur établissement républicain, et qui croyaient leur Constitution suffisante pour un bout de temps à leur aise et à leur volonté. Ils se prétendaient les représentants du principe et du droit, les ignorants et les aveugles ! Ils voulaient qu'on eût pour leur charte le respect qu'ont les muftis pour l'Alcoran, et qu'on se signât devant elle comme devant l'Ordinaire de la messe.

Ils ont invité le peuple à prendre part à leur fête : mais est-ce que le peuple s'engage par des cris, des danses et le feu d'artifice ? Est-ce qu'ils se figuraient, par hasard, que quand ils avaient bien dîné avec leurs 25 francs, toute la nation était en joie ? Est-ce qu'ils se figuraient aussi que le jour où leur assemblée devait tomber, toute la nation dût périr ?

Ils ont raisonné avec leurs passions, ils ont raisonné avec leurs sophismes. Mais le peuple, qui voit vite et juste, a, dans sa conscience, condamné et les passions et les sophismes, et il s'est précipité par la seule porte qui lui fût ouverte, la porte de l'élection présidentielle, dans les bras de Louis-Napoléon.

Faut-il rappeler cette longue contrainte de la France qui a fait, pour la première fois, explosion au **10** décembre ?

En résumé, ces hommes de Février, incapables pour le moins, ont proclamé *la République provisoire*. Ont-ils consulté le peuple ?

Non.

Ils ont acclamé cette même république avec un gouvernement intérimaire : ont-ils consulté la France ?

Non.

A l'aide de l'intrigue et de la guerre civile, ils ont retenu la dictature entre leurs mains : ont-ils consulté la France ?

Non.

La Constitution une fois terminée, la présentèrent-ils à la nation?

Non.

Cette forme républicaine imposée par les faubourgs de Paris descendus à la Grève, fut-elle ratifiée par la France ?

Non.

Les mandataires de la Constituante, en acceptant l'héritage du gouvernement provisoire, ont-ils rempli l'engagement du 25 février ?

Non.

Ont-ils, oui ou non, « substitué leur opinion à l'opinion des citoyens sur la forme définitive du gouvernement?»

Oui.

L'Assemblée constituante a décapité le principe de la souveraineté populaire, elle s'est attribué le droit de la nation. Au lieu de tenir les promesses des barricades et de présenter son organisation de l'État, sa République et sa Constitution à la ratification du peuple, elle a allumé quatre lampions sur la place de la Concorde et dit une messe en plein vent.

C'est tout.

On a beau dire, on a beau faire, le peuple a son droit d'examen, son droit de sanction ou de rejet. Il n'y a pas de fiction de temps ou de circonstance qui l'empêche de le remettre en question ; sa souveraineté est imprescriptible et inaliénable.

Qui tranchera les difficultés, si ce n'est le peuple? Comment s'est-il débarrassé des doctrinaires de la République? En donnant, au 10 Décembre, 6 millions de suffrages à Louis-Napoléon.

L'adversaire du Prince n'a eu que les votes du vieux pays légal, adorateur de la force, corrompu par les fictions constitutionnelles et les priviléges : ce n'était que l'ombre de la nation.

Louis-Napoléon a eu pour lui le pays véritable, élevé soudainement à la hauteur d'une mission providentielle et se sauvant, de ses propres mains, par cette élection gigantesque. C'était la nation.

Qu'on cherche au fond de cette lutte immense, de ce vote profond, l'énigme de l'opinion. Nous y voyons un châtiment.

Trop longtemps nous avons laissé dire que la nation française était oublieuse, que son opinion était mobile, que son caractère était insouciant.

Non. La France n'aime pas qu'on l'abaisse et qu'on l'insulte. Elle ne pardonne ni la honte ni l'outrage. C'est vainement qu'on cherche à l'endormir par des sophismes, à la contraindre par la force, à obscurcir son droit.

Quand elle se lève avec ses 6 millions de voix, elle proteste contre l'impôt des 45 centimes, contre les fallacieuses promesses tombées des lèvres du pouvoir dans les premiers jours de la République, contre la corruption des esprits avec de fausses idées de travail, contre ces hommes de proie, enfin, qui pour gouverner quand même, pour retenir le pouvoir dans leurs mains impuissantes, avaient promis du pain au peuple et sont tombés devant sa faim !

Elle a protesté contre les intrigues, contre les sophismes, contre la surprise et contre la force ; elle a pris le nom du siècle, un nom qui fut sa gloire, qui fut sa grandeur, qui fut sa fortune, qui résuma son génie, qui la représenta pendant vingt ans aux yeux du monde étonné ; qui fut à la fois pour elle l'ordre et la guerre, jamais l'anarchie, et qui la fit marcher souveraine à la tête des nations civilisées, l'épée haute d'une main et de l'autre ses codes immortels.

Et pour que le châtiment éclatât aux yeux de tous, pour qu'il fût visible comme un éclair de sa justice : quand cinq mois plus tard, les hommes de la Révolution, les Pères de la République, se sont présentés devant les comices de la France, le dédain les a renversés, et leur langue s'est paralysée, parce qu'ils avaient nié son passé, sa gloire et son droit.

Elle a secoué le pouvoir, et le pouvoir leur est tombé des mains ; elle a parlé et ils sont rentrés dans le néant. Par quel oubli de soi-même les eût-elle laissés se relever de leurs tombeaux en mai 1852, et mettre sur son sein leurs doigts glacés?

Pour enlever au peuple toutes les manifestations de sa souveraineté, pour que cette souveraineté ne fût plus qu'un mot inscrit dans cette charte qu'il n'avait ni consentie, ni ratifiée, les doctrinaires de la République avaient combiné l'article sur la révision avec l'article sur la non-rééligibilité du Prince-Président, afin de forcer le vote, d'arracher au peuple son mandat, et d'étrangler sa volonté.

Il nous fallut d'abord chercher à enfoncer la porte de la révision afin de rentrer dans la Souveraineté. L'Appel au peuple fut rejeté par les Parlementaires, toutes les conséquences de la souveraineté effacées, annulées, et l'on se prépara encore une fois à jouer le sort de la patrie dans le brelan de 1852, enjeu de peuples, enjeu de rois, où les uns voulaient faire atout, les autres rafle de la liberté.

Ainsi, quand la Législative hérita de la Constituante, elle trouva devant elle cet antagonisme entre le principe et le fait, entre le droit et l'usurpation; antagonisme qui avait produit une double conséquence correspondant aux deux faits révolutionnaires qui avaient marqué la violation du principe et du droit : la proclamation de la République sans appel au peuple, la promulgation de la Constitution sans ratification populaire.

La Législative, dira-t-on, était impuissante par son mandat pour compléter la constitution, ou en redresser les vices.

Gardienne de la souveraineté tronquée, si elle n'avait point à en poser les principes, elle avait du moins la tâche de la mettre en pratique, de l'incarner dans les lois organiques, pour le plus grand profit du peuple, et le soin de ses intérêts.

Or, ne pouvant régler un cas d'appel au peuple, ils ont voulu réglementer le suffrage universel, mutiler la

Souveraineté par la Loi du 31 mai !

En outre, « ce n'est pas tout de vouloir que le peuple soit *le principe* de la souveraineté, il faut aussi qu'il en soit *la fin*. Il faut surtout qu'on s'occupe de son soulagement, de son éducation morale, de son instruction et de son bien-être ; car avant de régner, il faut vivre ; il ne suffit pas d'être souverain, il faut être heureux. »

Or, qu'ont-ils fait, les parlementaires, et ils pouvaient tout, pour assurer le repos de la France, pour calmer les inquiétudes, pour mettre bravement d'accord la bourse des contribuables avec le fisc, qui n'en peut mais ?

Rien.

Ont-ils, ces chambriers, de leur pleine autorité, de leur initiative la plus large qui se fût jamais vue chez un peuple libre, modifié l'impôt, dégrévé l'agriculture, favorisé le commerce, encouragé l'industrie?

Non.

Ont-ils, ces hauts barons de la Législative, — de la Législative, entendez-vous, car la Constituante n'avait été chassée, certainement, que parce qu'elle avait donné un bill d'indemnité au Provisoire et escamoté la ratification, — ont-ils, ces amis du peuple, soulagé la misère? aboli les abus? dressé contre les ambitions et les appétits toutes les forces de leur âme et de leurs votes?

Non.

Non! Ils ont paralysé les affaires, semé dans l'ombre les fils d'une contre-police, joué aux soldats et aux coups de trique! Ils ont enrégimenté des assommeurs, inventé les places du Havre et de Strasbourg; par la lucarne de leur Questure, du fond de leur Commission de permanence, ils nous ont donné un spectacle odieux! Ils ont cherché à avilir le Pouvoir, au point d'en faire une querelle de coups de bâton entre Ratapoil et Coquambeau, comme si les destinées de la patrie devaient se jouer aussi platement; comme si la noble France, arbitre des nations et souveraine d'elle-même, méritait de descendre si bas et d'être insultée ainsi par les libérâtres de 1830, les usurpateurs continuels, permanents, de la souveraineté d'une grande nation.

———

N'accusez pas le peuple de mobilité. La France ne pouvait être gouvernée par un Parlement, qui est la pire des tyrannies. Ce parlement-là surtout, après avoir bouleversé le judiciaire et l'exécutif, en devait venir, par un coup de théâtre, à nous ramener sous le joug d'une monarchie.

Le peuple, qui voulait garder sa souveraineté et l'exercer, chercha à ébranler par ses votes les tentatives des vieux partis. Il eut des impatiences d'enfant devant le calme et le sang-froid de Louis-Napoléon.

Mais en votant pour des noms,
— comme en avril et mai 1850, —
ce n'était, en apparence, pour le
peuple qu'une question de personne,
une question de drapeau, un signe
de ralliement.

Il y avait, au fond, une résistance à
l'oppression de la Législative, une protestation contre ses tendances, une re-
vendication de la Souveraineté, une po-
sition de principe. Mais la forme do-
minait le fond ; par une impatience
d'enfants, dis-je, par un mouvement
d'orgueil, un jeu qui nous emportait
à l'abîme révolutionnaire pour échap-
per à l'abîme monarchique où la Loi
du 31 mai nous menait.

Oui, le peuple préféra l'état de
guerre et d'oscillation, l'état révolu-

tionnaire qui balançait le Parlement et l'effrayait, à un sommeil, à un repos stupide pendant lequel on lui eût ravi son droit. Que lui ont importé les hommes, quand le principe est revenu au 2 Décembre? Les hommes se sont évanouis. Et qui se serait levé pour les défendre, ces complaisants de la monarchie, ces contempteurs de la volonté populaire?

Ils avaient oublié non-seulement que le peuple est le *principe* de la souveraineté, mais aussi qu'il en est la *fin* : ils n'avaient rien fait pour l'amélioration, pour le bien-être du peuple, qui, en définitive, n'a fait la révolution et ne délègue sa souveraineté que pour qu'on s'occupe de ses intérêts.

Quand, au 2 Décembre, Louis-Napoléon brisa l'œuvre imparfaite de 48, il remonta à la source du droit. Maître du terrain, organe provisoire du pays, représentant direct du suffrage universel, il ne préjugea rien, il ne statua sur rien. Souple même devant un désir vague, devant un souhait du peuple, sur la question de forme dans l'expression de la volonté, il provoqua immédiatement le vœu du pays tout entier sur la nature et les conditions d'un nouveau pacte constitutionnel. Son mandat a été purgé de ce qu'il avait de révolutionnaire, de transitoire, par la ratification du 20 décembre, éclatante, universelle.

Il a soumis à la sanction du peuple les matériaux de sa Constitution nouvelle. Il a été fidèle au principe et à toutes les conséquences de la souveraineté : il a fait appel au peuple pour valider son droit; il a demandé la ratification des bases et des proportions sur lesquelles il allait, comme pouvoir constituant, édifier son gouvernement. La nation, redevenue souveraine par le décret qui prononçait l'abolition de la loi du 31 mai et la dissolution de la Chambre, la nation s'est prononcée sur la durée, la nature, la forme des pouvoirs publics; son mandat a été régulier, spécial. La souveraineté a été exercée dans toute sa plénitude, le vote a été direct et universel : la Loi primordiale, la Constitution, est donc l'expression de la souveraineté.

Pour effacer jusqu'au dernier ves-
tige de la violation de son droit, le
peuple demande à voter l'Empire et à
rayer de cette Constitution le mot de
République.

L'Empire, pour le peuple, c'est une
ratification, c'est une révision, c'est
l'exercice de sa souveraineté, c'est sa
volonté exprimée comme il l'entend,
comme ses mœurs l'exigent, et de la
seule manière qu'il lui soit possible
et permis de le dire. Les événements
ont une impitoyable logique, il faut
que Louis-Napoléon obéisse aux conditions inévitables de cette logique qui
a enlacé, enveloppé les diverses pha-
ses de son existence dans les actes de
la souveraineté populaire.

La République est balayée par un

vote populaire; elle est une lettre morte, une forme de gouvernement que la volonté vivante du souverain n'avait pas sanctionnée. Elle tombe parce que la volonté du peuple fait le droit, parce qu'il n'y a pas de droit contre le droit.

———

Il n'y a pas de souveraineté sans suffrage universel et direct. Il n'y a pas de Constitution sans suffrage universel et direct.

La Constitution procède de la Souveraineté du peuple et du Suffrage universel, comme l'Esprit-Saint procède du Père et du Fils.

La Constitution exprime donc la volonté de la nation sur la nature, la forme, les conditions et la durée du régime qui lui conviennent le mieux : c'est à la nation à dire si et comment elle veut que l'État ait telle ou telle forme de gouvernement.

La forme républicaine a fait son temps. C'est un vêtement usé, morne et sombre, imposé et point consenti ; le peuple le met bas.

Il y a la forme consulaire, la présidence à vie, etc.; le peuple n'en veut pas, il préfère l'Empire.

L'Empire est la forme la plus naturelle à la France, à sa gloire, à sa grandeur, à ses mœurs. Le peuple la veut, sa volonté est souveraine; il n'y a pas de droit contre le droit.

Le Sénat, émanation indirecte de

la souveraineté populaire, partie intégrante de la Constitution, pouvoir ratifié par le peuple, devient un organe provisoire du pays, se porte fort au nom de tous, convoque les assemblées primaires et leur soumet la révision partielle de la Constitution, *sur la durée du pouvoir exécutif* : c'est la manifestation logique de la souveraineté, c'est l'exercice du droit ; il n'y a pas de droit contre le droit.

Il n'y a de pacte, de Constitution qu'entre deux parties contractantes ; il n'y a pas de mandat sans mandant ; il n'y a pas de mandant sans demande formelle ou sous-entendue de reddition de compte, il n'y a pas de reddition de compte sans vote à l'appui, sans signature du mandant, sans approbation au bas, sans consentement, sans ratification.

La République n'engageait ni le peuple, ni Louis-Napoléon mandataire direct du peuple. Si l'on essaye de dire que le peuple, dans ses comices d'avril 1848, avait donné mandat à ses représentants de proclamer la République et de ratifier, en son lieu et place, cette forme provisoire de gouvernement, qu'on me montre le mandat! Et si le peuple l'avait donné, et qu'il le retire, qui conteste son droit? Il n'y a pas de droit contre le droit.

Entre le peuple et Louis-Napoléon il y a eu, en 1848, mandat du peuple, exercice de la souveraineté; en 1851, il y a eu appel au peuple, exercice de la souveraineté; en 1852, en votant sur la durée et la forme, c'est-à-dire sur la condition héréditaire et sur la forme impériale du gouvernement, il y aura ratification expresse, complète, au delà de tout ce que jamais eut gouvernement d'aucun temps, d'aucun pays. « Le peuple est souverain, et il faut bien qu'il soit gouverné de la façon qu'il veut l'être. »

FIN.

Paris. — Imp. de Mme Ve Dondey-Dupré, r. St-Louis, 46 (Marais).

www.ingramcontent.com/pod-product-compliance
Lightning Source LLC
Chambersburg PA
CBHW051130050726
47594CB00003B/1034